Les Socialistes Unifiés représentent la IIe Internationale ;
Les Communistes représentent la IIIe Internationale ;
Nous voulons défendre la France et sa Civilisation dans ce pays !

LE
Grand Parti
Français d'Algérie

ALGER, JUIN 1922

En luttant contre le Bolchevisme

en Algérie,

LE

Grand Parti Français

lutte contre les Organisateurs

de l'Insurrection

de nos Indigènes....

Les Socialistes Unifiés représentent la IIe Internationale ;
Les Communistes représentent la IIIe Internationale ;
Nous voulons défendre la France et sa Civilisation dans ce pays !

LE
Grand Parti Français d'Algérie

ALGER, JUIN 1922

LE
Grand Parti Français d'Algérie

Déclaration

Tous les Français qui ne sont pas des aveugles volontaires font ces constatations :

D'une part, les partis extrémistes s'organisent fortement en Algérie par tous les moyens possibles : réunions publiques, propagande individuelle, tracts, journaux, etc. ;

D'autre part, obéissant aux instructions de la IIIe Internationale de Moscou, ces extrémistes travaillent la masse indigène contre la prépondérance française, canalisent le fanatisme musulman pour les besoins de ceux qui, après avoir acculé le peuple russe à la ruine et à la famine, voudraient établir leur criminelle dictature sur le monde entier.

Il ne faut donc pas se le dissimuler, c'est la perspective de la révolution en France et de l'insurrection dans le nord de l'Afrique, si nous ne savons pas réagir au plus tôt, tant en France que dans le nord de l'Afrique.

En France — nous en sommes convaincus — le dernier mot demeurera au bon sens et au patriotisme. Mais, dans nos pays de l'Afrique du Nord, **où l'élément français représente à peine le quinzième de la population, en Algérie où CINQ CENT MILLE FRANÇAIS se trouvent en face de la masse imposante de CINQ MILLIONS D'INDIGENES POUR LA TRES GRANDE PARTIE IGNORANTS ET REFRACTAIRES A NOTRE CIVILISATION, la situation peut être autrement grave.**

Les théories antifrançaises de Lénine et de ses disciples, pour n'être pas victorieuses, auront **malgré tout** des conséquences néfastes. L'alliance de ceux qui, selon la IIIe Internationale, veulent « **METTRE LES COLONISATEURS A LA PORTE DE LA COLONIE** », avec ceux qui demandaient au Président Wilson « **L'ALGERIE AUX INDIGENES** », ne peut avoir, en effet, que des résultats mauvais. Et, à ce sujet, on ne saurait oublier cette édifiante recommandation de Lénine à ses agents nord-africains :

« **IL FAUT TRANSFORMER LES MOSQUEES EN CENTRES DE PROPAGANDE REVOLUTIONNAIRE.** »

Or, nul n'ignore dans ce pays qui connut les insurrections de 1871, de Margueritte et de l'Aurès, que ce n'est jamais en vain qu'on stimule le fanatisme musulman.

Ne manquons pas non plus de considérer comme il convient l'avertissement qui nous est donné par les événements de l'Inde et de l'Egypte. N'oublions pas, également, que si l'exaltation du sentiment religieux chez un peuple ignorant ne se traduit pas toujours par des manifestations sanglantes, elle crée néanmoins une situation telle que le pays où elle sévit devient bientôt inhabitable pour les conquérants pacifistes. Ce sont alors, de la part de certains indigènes, des brimades de toutes sortes, des vexations sans nombre, le boycottage, l'insécurité, l'accaparement de toutes choses, bref une hostilité sourde et des difficultés constantes destinées à décourager les colonisateurs, à les pousser à vendre leurs terres, leurs immeubles et à abandonner le pays.

En un mot — comme le disait parfaitement certain délégué financier indigène en 1919 — c'est pour nous l'affligeante perspective de « **VOIR, UN JOUR, LES INDIGENES RECONQUERIR L'ALGERIE SANS AVOIR A TIRER UN COUP DE FUSIL !** »

Voilà ce que nous réservera l'avenir dans ce pays, si nous nous obstinons à ne pas comprendre le danger qui nous menace et si nous continuons à nous diviser, à nous déchirer pour de vaines questions d'étiquettes politiques.

Un parti qui s'impose

En présence de cette situation, il apparaît nécessaire que tous ceux qui veulent l'Algérie française unissent leurs efforts et s'opposent à ceux qui travaillent à la faillite de l'œuvre civilisatrice de la France, ne craignant même pas — en avivant le fanatisme musulman — de vouer leurs compatriotes au sort le plus abominable et peut-être au massacre.

Déjà, la propagande bolchevique sévissant dans les milieux indigènes et la liberté extraordinaire avec laquelle certains « jeunes turbans » amoindrissent le prestige de l'autorité française aux yeux de leurs coreligionnaires, ont fait naître un état d'esprit dangereux et des désirs d'émancipation exagérés.

Aussi, avant que ne s'y sentant plus en sécurité, les Français ne désertent le bled algérien ; avant que la colonisation, déjà en régression, ne soit en pleine déroute et qu'enfin, l'Algérie soit — comme la Tripolitaine italienne — misérablement limitée à quelques villes du littoral, il est du devoir de tous les bons Français de réagir.

C'est pourquoi, nous groupant autour de notre emblème national que d'aucuns voudraient remplacer par le drapeau rouge de la IIIe Internationale ou par l'étendard vert du prophète, NOUS AVONS DECIDE DE CREER

Le Grand Parti Français d'Algérie

Notre Appel

Dès lors, nous faisons appel à toutes les bonnes volontés, à tous ceux qui — **Français de race ou d'adoption** — veulent l'Algérie toujours plus française et plus prospère, mais qui n'accepteront ou ne conserveront aucune affiliation avec les partis politiques dont nous sommes appelés à combattre les théories néfastes.

Notre Action

Ni à droite, ni à gauche.

Ni réaction, ni révolution.

Nous sommes des Républicains tout court, épris de justice sociale, de progrès et de patriotisme, qui veulent travailler sincèrement au mieux-être de leurs concitoyens ; des républicains voulant d'une République honnête et habitable pour tous et qui, sur le terrain national, n'admettront aucune défaillance, aucune compromission.

Nous entendons ne pas subir la dictature des partis d'hier qui, après nous avoir mené sans préparation à la plus horrible des guerres, ont été incapables d'organiser l'après-guerre et nous valent la lamentable situation dans laquelle le Pays se débat actuellement.

Nous entendons ne pas subir davantage les menaces des partis extrêmistes, fauteurs de la guerre civile, organisateurs de l'insurrection des musulmans de nos colonies et agents de l'Etranger.

A cet égard, nous exigerons des hommes qui nous représenteront l'indépendance politique absolue : **aucune attache politique avec les partis s'agitant en dehors du « GRAND PARTI FRANÇAIS D'ALGERIE ».**

Notre action devra pouvoir s'opposer à celle de nos adversaires et s'étendre non seulement au département d'Alger, mais aux deux autres départements algériens.

Notre Propagande

Des propagandistes dans les quartiers d'Alger et dans les cités de l'intérieur auront pour mission de diffuser nos idées. Un organe sera créé pour donner une publicité plus grande au but que nous poursuivons. Des réunions de quartiers à Alger et dans les villes de l'intérieur devront avoir lieu régulièrement pour tenir nos adhérents au courant de tous les événements devant retenir l'attention du Parti.

Nous profiterons de toutes les occasions intéressantes pour démontrer la vitalité du parti et donner à celui-ci un but nettement utilitaire : nous prendrons toutes les bonnes initiatives dans lesquelles notre programme pourra s'affirmer : **lutte contre les abus, le favoritisme, la gabegie ; interventions auprès des pouvoirs publics ; encouragements à toutes les œuvres d'intérêt général ; pro-**

testations contre les impositions excessives ; propagande pour la colonisation et le peuplement français ; réformes sociales, etc.

Une permanence centrale — 56, rue d'Isly, Alger — aura pour mission de recevoir les adhérents ayant à s'adresser au Parti pour les défendre ou les renseigner. Elle concentrera les listes d'adhésions du Parti ; préparera la documentation utile à toutes questions intéressant l'action du Parti et pouvant être utilisées par nos élus.

Au contraire de certains partis qui n'agissent qu'en se camouflant, l'action du « **GRAND PARTI FRANÇAIS D'ALGERIE** » aura toujours lieu au grand jour.

Toute la force de notre groupement devant résider dans le courant de sympathie que lui vaudront ses dirigeants, les services qu'ils sauront rendre à la collectivité et les initiatives heureuses qu'ils sauront prendre, nous estimons nécessaire de donner à notre organisation des cadres officiels connus de tout le monde. Nous partons de ce principe qu'il est aussi utile d'investir d'une influence réelle ceux qui nous représenteront que de pouvoir juger leurs actes au grand jour.

Nous ne voulons pas que par calcul digne d'arrivistes de toutes les politiques, ceux à qui nous allons faire confiance n'aient pas le courage d'arborer franchement un programme qui se résume en ces deux mots dont nous faisons la devise du Parti :

« **FRANCE D'ABORD !** »

Notre Attitude vis-à-vis des autres Partis

Elle sera d'une indépendance absolue. En aucun cas, le G.P.F.A. ne sera à la remorque des groupements politiques existants.

Pour qu'il puisse faire œuvre utile, notre premier souci sera de le préserver contre les entreprises de ceux pour lesquels notre idéal serait chose négligeable. Pour cela, nous déclarons qu'on sera du G.P.F.A., mais qu'on ne pourra être, en même temps, des partis qui, dans la société actuelle, constituent — par leurs tendances politiques — un véritable danger pour cet idéal de prépondérance française, de libéralisme, de progrès social et de relèvement économique que nous nous sommes forgés en créant le « **Grand Parti Français d'Algérie** ».

Notre Attitude vis-à-vis des Indigènes

La question indigène joue dans ce pays un rôle capital.

Il convient que nous nous expliquions très franchement à ce sujet.

Notre action ayant pour but de s'opposer aux progrès du bolchevisme dans ce pays et d'empêcher les explosions fanatiques sur lesquelles nos adversaires escomptent pour le jour où la France aura les bras liés par une guerre ou une révolution, est loin d'être une politique arabophobe.

NOUS NE SOMMES PAS, NOUS NE POUVONS PAS ETRE ET NOUS NE SERONS PAS DES ENNEMIS DES INDIGENES LOYALISTES. Mais, nous estimons qu'ils ne sauraient — sans danger pour eux comme pour nous — s'affranchir prématurément de la bienveillante tutelle de la France civilisatrice. A cet égard, nous pensons même que notre œuvre de relèvement moral et matériel est loin d'être terminée. Mais cette œuvre, nous sommes trop fiers de vouloir l'accomplir nous-mêmes pour la laisser compromettre par certains éléments plus désireux de travailler pour la satisfaction de dangereuses ambitions personnelles que pour le mieux-être de la collectivité indigène.

C'est dire que le **G.P.F.A.**, loin de rejeter les indigènes vraiment acquis à la France, les accueillera au contraire avec sympathie. C'est dire aussi que nous entendons, d'ores et déjà, démontrer que chez les Français d'Algérie, il ne saurait y avoir d'arabophobes comme nos adversaires tenteront toujours de le faire accroire pour les besoins de leur cause antifrançaise.

Direction du Parti

Elle comporte :

1° Un **comité directeur**, composé de cinq membres, ayant pour but :

a) de veiller sur la bonne marche du parti ; de déployer — en toutes circonstances — l'activité la plus grande ;

b) de multiplier, en Algérie, le nombre de sections et de comités de quartiers ;

c) d'intensifier la vitalité de ces groupements en organisant de fréquentes réunions et en essayant de réaliser toutes les questions susceptibles de démontrer le but d'intérêt général poursuivi par le parti.

2° Un **comité général**, composé de tous les membres des comités de la capitale et de l'intérieur.

Ce comité, réuni sur l'initiative du **comité directeur**, ou à la demande de vingt-cinq présidents de comités, sera présidé par les membres du comité directeur. Il prendra toutes les décisions d'ordre général intéressant le Parti.

3° Le **comité directeur** pourra s'adjoindre un **comité de propagande** dans Alger. Cet organisme, en relations constantes avec lui, l'aidera dans toutes les démarches et enquêtes nécessitées par l'action du Parti.

Dans tous les cas — et pour faciliter sa tâche — le **comité directeur** pourra toujours, dans les circonstances exceptionnelles (manifestations, délégations, réceptions, etc...) faire appel à ceux des membres qui lui paraîtraient les plus qualifiés pour l'aider.

C'est la majorité qui prendra les décisions, qu'il s'agisse du comité directeur, du comité général ou des comités de quartiers et de sections. Le vote aura toujours lieu ouvertement, par appel nominal. Les conflits seront réglés par le comité directeur.

Adhésions et Radiations

Toute personne désirant adhérer au Parti devra être présentée par deux membres du comité du quartier ou de la section de la localité dans laquelle elle réside.

La majorité des membres de ce comité pourra toujours repousser une demande d'adhésion. Les radiations seront également décidées par cette majorité.

Radié dans une section, un membre ne pourra rentrer dans une autre section que sur décision du comité directeur et après avis favorable du comité de la première section.

NOTRE PROGRAMME

Nous faisons nôtre — en y apportant quelques modifications — celui qui, présenté par **M. Charles-Collomb** aux dernières élections législatives, avait été adopté par le « **Parti républicain démocrate indépendant** ». Ce programme sera révisé chaque fois que le **comité général** estimera nécessaire de lui apporter une modification quelconque admise par la majorité de ses membres.

QUESTIONS ALGERIENNES

FRANCE D'ABORD ! Cette formule résume nos buts, nos aspirations. Tout en reconnaissant à nos sujets indigènes musulmans le droit à des transformations sociales progressives sous l'égide de la France souveraine, nous considérons comme inopportune, et dangereuse, leur accession aux droits du citoyen français.

LOI JONNART. — Aussi, nous demandons la **revision** — de **la loi du 4 février 1919** — dite : **loi Jonnart** — dont le principe et les applications portent la plus grave atteinte à la **prépondérance française** dans le nord de l'Afrique.

En matière politique et sociale, surtout quand il s'agit de conférer de nouveaux droits à toute une collectivité qui est loin d'atteindre le niveau intellectuel et moral des Français, nous estimons qu'il est ridicule et pernicieux **de mettre la charrue avant les bœufs.**

Nos frères de la Métropole, ignorants des questions coloniales, **et aveuglés par un humanitarisme chevaleresque** qui est loin de correspondre à la **réalité des faits**, ont voté la fameuse **loi Jonnart** dans le but — louable, certes, mais inconsidéré — de récompenser les indigènes musulmans d'Algérie qui se comportèrent vaillamment durant la Grande guerre, et mêlèrent, sur les champs de bataille, leur sang généreux au sang des Français d'origine et d'adoption.

Mais les Français de la Métropole font preuve d'une méconnaissance singulière de la situation de **cinq cents mille Français** d'Algérie qui, en présence de **cinq millions d'indigènes**, seraient avant longtemps, **si le principe de la pré-**

pondérance française n'était pas sauvegardé **d'une façon absolue,** noyés dans la masse musulmane.

Cette réserve expresse faite, nous sommes les premiers à vouloir travailler, d'une façon loyale et efficace, au **relèvement matériel, intellectuel et moral des indigènes musulmans d'Algérie.** Mais avant de donner, à nos sujets indigènes, le **bulletin de vote,** pour lequel ils ne sont pas préparés, nous estimons qu'il faut s'occuper de leur **mieux-être,.** Dans ce but, et repoussant l'idée saugrenue de certains Musulmans de l'élite qui demandent, pour les indigènes d'Algérie, **l'enseignement gratuit et obligatoire du Qoran,** qui est la loi religieuse, morale et civile des Musulmans, nous demanderons **la création et le perfectonnement de l'enseignement technique et professionnel des indigènes.**

En donnant aux indigènes qui le méritent par leur moralité, leur intelligence et leur travail, le moyen de gagner honorablement leur vie et celle de leur famille ; en collaborant **à l'organisation de fermes-écoles, d'ateliers** à leur usage, nous élèverons, d'une façon rationnelle et pratique, leur niveau social. En outre, nous remplirons notre rôle de civilisateurs qui, dans une grande mesure, constitue notre raison d'être dans un pays que, par nos efforts, et par nos lumières, **nous avons péniblement arraché à une barbarie dans laquelle nos protégés indigènes ne tarderaient pas à retomber,** si nous ne savions pas, si nous ne voulions pas demeurer, ici, l'élément prépondérant.

CONSCRIPTION INDIGENE. — C'est dans le même ordre d'idées que nous sommes les adversaires résolus, et convaincus, de la **conscription obligatoire des indigènes.** Si la France — pour boucher le trou creusé dans les effectifs par la réduction du service militaire des Français — veut des soldats indigènes, qu'elle ne les enrôle pas par force ! Qu'elle ait recours aux **engagements volontaires.** En assurant aux engagés indigènes des **avantages officiels,** la France pourra toujours trouver, dans l'immense réservoir d'hommes que constitue l'Algérie, autant de bons soldats qu'elle en voudra. Ainsi, elle ne sera obligée, à plus ou moins brève échéance, de donner aux soldats par force, en échange de l'impôt du sang, des droits civils et politiques aussi dangereux pour la prépondérance française dans ce pays que pour l'avenir de la collectivité indigène.

EXTENSION ET STABILISATION DU PEUPLEMENT FRANÇAIS EN ALGERIE. — La meilleure façon, pour la France, d'affirmer et d'affermir sa pépondérance dans le Nord de l'Afrique, c'est de favoriser, de développer, de stabiliser le **peuplement français.** Tant que les Français constitueront, dans ce pays, un élément dérisoire en nombre, **la colonisation française ne sera qu'un leurre, qu'une façade,** plus ou moins brillante, masquant l'inanité de nos efforts **pour faire, réellement, de l'Algérie, une seconde France.**

Pour que la France accomplisse, dans ce pays, une **œuvre saine, féconde et durable,** il est de toute nécessité que les éléments français y trouvent toutes les conditions favorables à leur extension et à leur prospérité.

Les colons constituent un de ces éléments les plus importants et les plus dignes d'intérêt. Il est nécessaire de faciliter leur tâche, de consolider leur établissement en portant tous nos efforts et tous nos soins à la solution des importants problèmes suivants :

I. — PROTECTION EFFICACE DE LA PROPRIETE ET DU TRAVAIL ; ORGANISATION RATIONNELLE ET MAINTIEN DE LA SECURITE.

L'insécurité est la plaie saignante — on pourrait dire mortelle — de la colonisation. Les malfaiteurs indigènes du bled constituent un **véritable syndicat**, à l'organisation puissante, contre lequel les efforts de la justice française sont souvent stériles. **Les Français du bled, comme, du reste, la population musulmane honnête, sont mal protégés contre les entreprises criminelles des bandits indigènes.** Dans de nombreux cas, les Français de France qui viennent s'installer en Algérie sont les premières victimes toutes désignées des méfaits des indigènes. Nous demandons, **d'urgence**, le renforcement des services de sûreté et de sécurité, et. dans la mesure compatible avec la sauvegarde de la liberté individuelle, la **responsabilité des chefs de tribus**, et même le retour à la **responsabilité collective des tribus**, dans le cas où la justice n'arriverait pas, avec les moyens ordinaires, à assurer la sécurité des personnes, et la punition des coupables.

II. — EXTENSION ET ETABLISSEMENT DE LA COLONISATION FRANÇAISE.

Tous les efforts de la Haute Administration algérienne doivent enfin tendre à permettre aux Français de s'établir dans ce pays et d'y prospérer. **Il ne faut plus que la colonisation française soit un leurre, un trompe-l'œil.**

a) Nous demandons, tout d'abord, le vote urgent d'une **loi déterminant la propriété foncière indigène,** de façon à permettre aux Français acquéreurs de terres indigènes de devenir, en toute sécurité, les propriétaires des domaines qu'ils auront constitués.

b) **L'organisation de la petite propriété rurale** sera également, l'objet de notre attention et de notre sollicitude. Nombreuses sont les régions d'Algérie où la petite et la moyenne propriété — **qui, seules, attachent réellement le possesseur au sol** — peuvent se constituer. Nombreux, dans les centres de colonisation, sont les fils de colons qui, sur place, et dans les environs du pays qui les a vu naître, sont tout désignés pour continuer, dans les meilleures conditions, l'œuvre commencée par leurs parents.

c) Nous demandons la limitation de l'importance de la propriété foncière, estimant dangereux pour la colonisation et le peuplement français la constitution d'une véritable féodalité par les accapareurs terriens. Il est inadmissible, par exemple, qu'un seul propriétaire puisse posséder des dizaines de milliers d'hectares comme cela existe en Algérie.

d) Nous demandons que des dispositions judiciaires soient prises pour **empêcher** ou, tout au moins **limiter** (sans porter une atteinte trop grave à la liberté individuelle), **la vente, aux indigènes, des terres cultivées et mises en valeur par les colons français et européens.** Il ne faut plus que l'on assiste à **la régression et à la faillite de la colonisation française dans ce pays.** Nous estimons que les colons commettent un véritable crime en abandonnant aux indigènes, par découragement, ou égoïsme, des domaines fécondés de leur sueur et, quelquefois, de leur sang.

e) Nous demandons que **des facilités soient accordées aux Français d'origine et d'adoption** pour l'acquisition de terres de concession et de terres domaniales. Il ne faut plus que se renouvelle le scandale de domaines nationaux, **comme celui de l'Habra** (département d'Oran), adjugé à des étrangers enrichis pendant la guerre, au détriment de Français qui firent leur devoir durant les hostilités et dont les intérêts furent sacrifiés aux intérêts d'étrangers puissants.

III. — EXTENSION DU PEUPLEMENT FRANÇAIS EN ALGERIE.

Les Français ne seront réellement les maîtres sur cette terre que s'ils constituent un groupement imposant. **Or, les statistiques nous démontrent que le peuplement français en Algérie se fait d'une façon lente, et pour ainsi dire dérisoire.**

Pous faciliter ce peuplement, nous demandons :

a) **Une réduction notable du service militaire** pour les Français nés en Algérie, et pour les Français nés en France et habitant l'Algérie qui auront pris l'engagement de résider **au moins cinq années** dans la Colonie après l'accomplissement de leur service militaire. Ce faisant, ce n'est pas un privilège excessif que nous demandons en faveur des Français d'Algérie. La dernière guerre a surabondamment prouvé qu'il n'était pas besoin de plusieurs années pour faire d'un bon Français un bon soldat. En rendant rapidement à la terre algérienne des milliers de bras qui lui sont indispensables, on aura beaucoup plus travaillé pour la prospérité de l'Algérie et de la France qu'en immobilisant dans des casernes, une jeunesse pleine d'activité et d'initiative.

b) **Des facilités aux métropolitains pour les engager à se fixer dans la Colonie.** Et dans cet ordre d'idées, nous n'avons pas seulement en vue d'attirer, en Algérie, les seuls travailleurs de la terre. Toutes les catégories de l'activité sociale devraient être encouragées à venir se fixer en Algérie, de façon à créer, dans cette nouvelle France, une multitude de foyers, dont le rayonnement fécond, influant sur les mœurs et la mentalité des indigènes, contribueraient enfin à créer entre les divers éléments ethniques du nord de l'Afrique, cette harmonie sociale qui est l'idéal de tant de sociologues, de tant d'économistes, de tant d'hommes politiques.

c) C'est ainsi que pour ne pas créer, en Algérie, **un peuplement artificiel** de fonctionnaires qui, seulement alléchés par des traitements supérieurs à ceux de France, viennent vivre en Algérie un certain nombre d'années et rentrent au pays natal **dès leur retraite,** nous faisons nôtre ce projet adopté par les associations des « anciens gendarmes » et des « petits retraités » d'Algérie, projet prévoyant **une prime à la résidence** pour tous les retraités prenant l'engagement de rester en Algérie.

IV. — INTENSIFICATION DE LA PRODUCTION ALGERIENNE.

Le sol et le sous-sol de l'Algérie sont générateurs de richesses naturelles inépuisables. Depuis trop longtemps, par suite de l'incurie et de l'ignorance coupable de la Haute Administration algérienne, ces richesses ont été mal exploitées ou inexploitées. Aussi, soucieux de voir l'Algérie, dans son intérêt propre, et dans celui de la Métropole, procurer à la prospérité nationale tout le rendement dont elle est capable, nous réclamons d'urgence :

a) **DANS LE DOMAINE AGRICOLE : Le perfectionnement des méthodes de culture,** permettant, d'une façon scientifique et rationnelle, aux colons et aux indigènes, de faire donner à la terre algérienne, si féconde, le maximum de rendement. (Primes à la motoculture, aux méthodes nouvelles de culture, aux cultures sélectionnées, etc., etc.).

L'aménagement de l'hydraulique agricole (captage de sources, aménagement de points d'eau ; forage de puits artésiens ; régime de barrages ; utilisation de la houille blanche, entretien minutieux des conduites d'eau, approvisionnement des centres de colonisation, etc., etc.).

La liberté du commerce et de l'exportation des produits agricoles du sol algérien (blés, orges, huiles, figues, vins, etc.) dans tous les cas où l'intérêt supérieur de la Colonie et de la Métropole n'aurait pas à en souffrir.

b) Application à l'Algérie de la loi du 5 août 1920, réorganisant le crédit agricole en France.

c) **DANS LE DOMAINE INDUSTRIEL ET MINIER : Mise en valeur des immenses et inépuisables richesses du sous-sol algérien. Exploitation urgente et rationnelle :**

a) Des phosphates du Djebel-Onk (**un milliard de tonnes**) ;

b) Des pétroles algériens ; etc., etc.

Amélioration et extension de nos réseaux ferrés et de nos routes. — L'Algérie, grenier inépuisable, n'est pas encore desservie par des moyens de communication et de transport permettant, dans les époques d'abondance, de décongestionner les amas formidables de céréales. Les projets de voies ferrées, mal étudiés, et mis en exécution après des lenteurs désespérantes et au prix de crédits en disproportion avec les travaux effectués, ne sont pas en rapport avec l'importance des régions à desservir.

Solution urgente des questions de transports maritimes (en s'inspirant, comme du reste pour toutes les autres questions intéressant la prospérité de l'Algérie, des desiderata, des décisions et des vœux formulés par les groupements économiques compétents de la Colonie, centralisés par les Délégations financières (groupements et syndicats agricoles, industriels et commerciaux ; chambres d'agriculture et de commerce, etc.).

Nos assemblées avaient adopté, à ce sujet, un projet semblant donner satisfaction aux Algériens. Ce projet était celui de tous les groupements économiques de la Colonie. Il convenait donc que nos parlementaires, sans exception, se fassent les porte-paroles de ces groupements et non les détracteurs de leurs décisions.

Il n'en a rien été. Des députés algériens se sont fait les avocats d'un consortium de capitalistes contre les intérêts de la Colonie. Le résultat, c'est que ce consortium, une fois détenteur de notre trafic maritime, ne manquerait pas de nous imposer un fret excessif. Et nous payerions ainsi une rançon annuelle autrement élevée que celle payée jusqu'alors aux compagnies subventionnées. Cette attitude de certains représentants algériens comporte un enseignement :

Pour ce qui est des grandes questions économiques de la Colonie, les parlementaires algériens doivent accepter le mandat impératif des groupements qualifiés.

Aménagements des ports.

***

d) Une colonie comme l'Algérie doit être plus que tout autre pays à l'abri des spéculations qui permettent, à un moment donné, d'affamer toute une population par suite de la raréfaction criminelle des denrées de première nécessité, le blé, le pain en particulier. Aussi, demandons-nous :

La répression efficace de la spéculation. Il ne faut plus que l'on assiste au spectacle décourageant de « dissimulateurs de blé », opérant avec l'impunité la plus complète sous l'œil indifférent, ou même bienveillant, de la Haute Administration algérienne, qui permet toujours des enquêtes contre les malfaiteurs publics, mais qui ne les fait jamais aboutir.

Pour arriver à ces résultats, il serait nécessaire de procéder, d'urgence, aux importantes réformes suivantes :

Réforme et Epuration de la Haute Administration Algérienne

Le Gouvernement Général et ses multiples bureaux constituent, en Algérie, un véritable Etat dans l'Etat. Personne ne sait ce qui se passe chez les hauts bureaucrates d'Algérie, qui sont tellement puissants qu'ils arrivent souvent, trop souvent, à mettre en échec l'autorité du Gouverneur général lui-même.

2) L'élimination des cadres du Gouvernement général de

tous les parasites, créatures du favoritisme ministériel ou gubernatorial qui encombrent, de leur inutilité et de leur suffisance — ou de leur insuffisance — les services du G. G., barrant la route aux véritables fonctionnaires de carrière et les empêchant d'obtenir l'avancement auquel ils ont légitimement droit.

3) Nous demandons que les hauts fonctionnaires du Gouvernement Général soient responsables de leurs actes et que pour faire preuve de réelles capacités dans les lourdes et délicates fonctions qu'ils remplissent, ils justifient **d'un stage d'au moins cinq années dans le cadre algérien.**

Le Gouverneur général, même pour nous, ne voudrions plus voir le spectacle lamentable d'un gouverneur, comme le gouverneur Abel qui, déclarant lui-même ne rien connaître aux questions algériennes, était une sorte de souverain-soliveau à la merci de ses bureaux, se contentant de jouer le rôle de roi fainéant — inutile, quelquefois nuisible — et de toucher de fabuleux appointements.

* * *

4) Le citoyen le moins clairvoyant se rend compte qu'à l'heure actuelle, ce sont les bureaux qui sont tout-puissants, puisqu'ils arrivent à imposer leur tyrannie à nos gouvernants eux-mêmes. Nous estimons donc urgente **une réforme administrative**, tendant à mettre plus d'ordre, plus de clarté, plus d'honnêteté dans la bureaucratie française.

Les Fonctionnaires

1) Une **révision du statut des fonctionnaires** s'impose. Tout d'abord, pour moraliser le fonctionnarisme, il est nécessaire de supprimer **les trop nombreuses inégalités** entre les serviteurs de l'Etat qui, lorsqu'ils font leur devoir et remplissent leurs fonctions avec intelligence et conscience, **ont droit,** du plus modeste au plus haut placé, **aux mêmes garanties et à la même sollicitude** de la part de l'Etat qui les emploie.

2) Nous demandons, en ce qui concerne les fonctionnaires :

Le maintien de tous les fonctionnaires réellement utiles au pays. Amélioration rationnelle des traitements de tous les fonctionnaires, correspondant à un travail intelligent et à un rendement effectif. Avancement normal pour tous les fonctionnaires, par suite du désencombrement, et l'élimination des fonctionnaires parasites, créatures de tous les favoritismes, qui barrent la route aux fonctionnaires de carrière.

Le licenciement de tous les fonctionnaires inutiles. — Cette décongestion permettra d'améliorer la situation des fonctionnaires vraiment utiles.

Cependant, si nous avons trop de fonctionnaires, il est juste de reconnaître qu'il est certaines administrations, des plus importantes (comme l'administration des Finances), où les fonctionnaires sont en trop petit nombre. Enfin, il convient de répartir plus judicieusement les fonctionnaires : **Chacun à sa place où il y a du travail.**

administrations, des plus importantes (comme l'administration des Finances), où les fonctionnaires sont en trop petit nombre. Repartition judicieuse des fonctionnaires : **Chacun à sa place où il y a du travail.**

3) Nous demandons que, dans la grande famille des fonctionnaires, il n'y ait pas de déshérités. L'Administration ne saurait, en effet, être une marâtre pour certaines catégories de ses plus précieux auxiliaires. Par exemple, les porteurs de contraintes réclament vainement, depuis 25 ans, de verser à la retraite. Il faut que cette légitime revendication soit entendue.

4) Dans le même ordre d'idée et dans l'intérêt de la bonne administration des communes, nous demandons que les secrétaires de mairie deviennent des fonctionnaires départementaux.

Ainsi, ils ne seront plus à la merci des changements de municipalité et leur recrutement sera assuré dans de meilleures conditions.

5) La limitation des emplois à gros traitements. — Les bureaucrates les plus néfastes, les vrais budgétivores, dont certains hauts et gros fonctionnaires, s'adjugent des traitements fabuleux, indignes d'un régime démocratique (sans compter les gratifications !), **alors que les petits et moyens fonctionnaires touchent des salaires de famine et des gratifications dérisoires.** Eclairés par des scandales administratifs qui, à l'heure actuelle surtout, se renouvellent trop souvent, nous sommes partisans de la **suppression des gros bureaucrates,** qui constituent un Etat dans l'Etat, **une véritable féodalité bureaucratique.**

Les Libertés Algériennes

Nous réclamons, étant persuadés de nous faire l'interprète du désir de tous les algériens clairvoyants, **l'autonomie administrative et financière de l'Algérie.**

Cette autonomie, tant désirable, et depuis si longtemps désirée, loin d'être comme certains esprits peu avertis et partiaux le prétendent, un acheminement vers un séparatisme auquel personne ici ne songe et qui, du reste, est impossible à réaliser dans la pratique, cette autonomie n'est, en somme, pas autre chose que ce régionalisme, cette décentralisation administrative, économique et financière dont l'application doit procurer, en Algérie, comme dans la Métropole, les avantages les plus appréciables sans atteindre, en quoi que ce soit, l'intégrité du principe de la Patrie.

Nous réclamons, à ce sujet, la **transformation des Délégations Financières** en un **Conseil Economique algérien,** chargé de s'occuper de toutes les questions, en dehors de celles de souveraineté, intéressant particulièrement la vie, la prospérité, l'avenir de la Colonie.

Ce Conseil qui, dans son sein, réunirait des représentants de toutes les branches de l'activité algérienne, serait élu au suffrage universel direct et règlerait, en toute indépendance, le budget de la Colonie. De cette façon seraient supprimées les dualités d'opinions et de votes, en ce qui concerne les questions vitales pour l'Algérie, entre le Conseil économique et nos représentants au Parlement.

Le gouverneur général, bien que nommé en Conseil des Ministres, serait responsable de ses actes gubernatoriaux, non seulement devant la Métropole, mais devant le Conseil économique. Ce serait un véritable fonctionnaire, et on ne verrait plus de **cumul scandaleux des fonctions de gouverneur et d'un mandat politique de député ou de sénateur.**

* * *

Enfin, nous demandons, avec insistance, **la suppression du régime des décrets.**

Toutes les lois seront applicables à l'Algérie, automatiquement, quand elles intéresseront la collectivité toute entière et, **après avis du Conseil économique algérien,** si ces lois, par certaines de leurs dispositions, ne sont pas directement ou immédiatement faites pour l'Algérie. Nous ne verrons plus l'Algérie oubliée, les Algériens considérés ainsi que des bâtards dans la grande famille française comme dans ce cas typique de la loi sur les banques populaires, votée depuis l'armistice et appliquée seulement à l'Algérie trois ans après.

QUESTIONS NATIONALES

Les Français d'Algérie ne sont pas des citoyens de deuxième catégorie. Quand il s'agit des intérêts supérieurs de la Mère-Patrie, ils ont voix au chapitre, comme tous les autres citoyens de la Métropole. Nous élevant avec indignation contre cette opinion stupide, et insultante pour nous, professée par certains Français de la Métropole qui voudraient la suppression des représentants de l'Algérie au Parlement, nous estimons que les députés et les sénateurs élus par les citoyens français d'Algérie peuvent et doivent faire de la bonne besogne, quand il s'agit de l'intérêt de la France.

C'est pourquoi nous estimons que les représentants d'Algérie à la Chambre des députés doivent s'unir à tous les bons Français du Parlement, sans distinction de parti politique, **pour que la France, notre patrie bien-aimée, devenue une France forte, soit prospère au dedans et soit respectée au dehors.**

Dans ce but, et pour que notre Patrie ne perde pas le légitime bénéfice d'une victoire si chèrement acquise, au prix de lourds sacrifices matériels et, surtout, au prix du sang, versé à flots par nos glorieux « poilus », nous ferons tous nos efforts pour que la République, à laquelle nous sommes fidèlement attachés — comme, du reste, tous les Français d'Algérie le sont — devienne une démocratie libre et habitable pour tous les citoyens honnêtes et de bonne volonté, **sans distinction d'origine ou de confession religieuse, sans distinction de classe sociale ou d'opinion politique. Nous ne voulons plus d'une République de profiteurs.**

d'une République de camarades dans laquelle seules seraient favorisées les créatures de puissants.

C'est pourquoi, en tête du cahier de nos revendications nationales, nous inscrivons la :

Revision de la Constitution

pour faire enfin du régime républicain actuel, non un gouvernement d'incapables et d'irresponsables, mais **une véritable démocratie, un vrai gouvernement du peuple par le peuple.**

Dans cet ordre d'idées, nous faisons volontiers nôtres un certain nombre de conceptions remarquables, et par leur haute valeur morale et par leur réelle valeur pratique. Ces conceptions font partie du programme de tous les bons Français qui estiment nécessaire et urgente, une réforme rationnelle de notre constitution actuelle, selon les véritables principes démocratiques. En effet, la Constitution de 1875, qui nous régit actuellement, et qui pèse lourdement sur notre vie nationale et sociale, au point de l'anémier, de la paralyser et de l'étouffer même, nous a ramenés insensiblement à un régime ressemblant singulièrement au régime monarchique que nos pères ont eu tant de peine à détrôner. **Trop souvent notre régime républicain actuel donne toutes les apparences d'un régime autocratique.**

Dans le but d'assainir et de moraliser le pouvoir central, nous demandons :

a) **LA SEPARATION DU POUVOIR EXECUTIF ET DU POUVOIR LEGISLATIF.** — Les ministres étant choisis en dehors du Parlement, on n'assisterait plus à ces marchandages plus ou moins tacites qui, opérés sur le dos du peuple, l'éternelle victime, assurent trop souvent la majorité à des ministres n'ayant plus la confiance du pays. Les abus scandaleux du favoritisme, qui sont devenus, dans notre régime en décomposition, une des plaies les plus graves dont souffre la France, disparaîtront du jour où ministres et députés ne seront plus dépendants les uns des autres.

b) **L'EXCLUSION DES PARLEMENTAIRES DES EMPLOIS PUBLICS.** — Les représentants du peuple ne devront, sous aucune forme, se servir de leur mandat public pour améliorer leur situation personnelle. En particulier, **et sous aucun prétexte, les parlementaires, dont le premier et principal devoir est de contrôler les actes du pouvoir exécutif, ne pourront exercer de hautes fonctions rétribuées.** En ce qui concerne spécialement l'Algérie, nous estimons que **nous ne devons plus avoir de gouverneur parlementaire.** Il est inadmissible qu'un représentant du peuple se désintéresse des affaires des citoyens qui l'ont élu au Parlement pour accepter, dans une colonie, le rôle d'un vice-roi, souvent fainéant, comme ce fut le cas de certains gouverneurs, et se mette, trop souvent, à l'abri des responsabilités de sa lourde charge, derrière un mandat de député ou de sénateur.

c) Les représentants du peuple ne devront pas abuser

du mandat qui leur est confié, librement, par les électeurs. Il est de toute nécessité qu'un moyen de contrôle efficace puisse s'exercer sur eux par ceux-là mêmes qui l'ont élues. **Nous demandons que soient envoyés au Parlement des représentants, non seulement compétents, et d'une moralité éprouvée, mais encore, et surtout, responsables de leurs actes parlementaires.**

C'est pourquoi nous demandons, pour les députés et sénateurs, qu'ils soient munis d'un **mandat impératif, en ce qui concerne le programme économique et social.**

La profession d'avocat **d'affaires étant incompatible avec le mandat de représentant du peuple, nous demandons que l'avocat, devenu** parlementaire, **prenne l'engagement de fermer son cabinet de défenseur pendant tout le temps de sa législature.**

Il faut que cesse ce scandale d'avocats-politiciens mettant — au détriment de l'intérêt général et dans l'intérêt personnel d'eux-mêmes et de leurs clients — leur talent oratoire et leur science juridique au service de causes plus ou moins nobles.

Pour moraliser le Parlement, nous n'hésiterons pas, également, à demander la **suppression de l'immunité parlementaire. Un parlementaire est un citoyen comme tous les autres hommes. Il est profondément immoral, surtout à une époque de relâchement comme la nôtre, d'assister au spectacle décourageant d'un monsieur couvrant ses vileries de son écharpe tricolore de représentant du peuple et se permettant toutes les licences simplement parce qu'il est devenu « tabou » en devenant député !**

***

Nous demandons la **suppression du vote par procuration.** Nos députés et nos sénateurs, prenant leur rôle au sérieux, sauront, enfin, qu'ils doivent faire passer les affaires du pays avant leurs propres affaires. Si c'est pour eux une pénible et fatigante obligation de venir voter en personne, qu'ils se démettent d'une fonction qu'on ne peut remplir à demi ! En supprimant **l'indemnité fixe** des parlementaires et en la remplaçant par le système des **jetons de présence,** on arriverait peut-être à obliger Messieurs les députés à être plus assidus et plus exacts aux séances. La ridicule et affligeante coutume qui fait des « boîtiers », les maîtres de la situation parlementaire, disparaîtrait ainsi et on ne verrait plus des lois importantes, capitales pour la France et pour l'Algérie, **comme la loi Jonnart,** par exemple, discutées et votées, en cinq sec, devant des banquettes vides !...

***

Les citoyens ne doivent pas se désintéresser de l'élection des représentants du pays. Le vote doit être obligatoire.

QUESTIONS SOCIALES

Nous sommes partisans sincères de tout progrès social intéressant le mieux-être de la collectivité, à la condition que les réformes demandées puissent s'effectuer dans l'ordre, le travail et le respect de la loi et de la nation.

Sous un régime vraiment démocratique, tout citoyen doit jouir du droit absolu d'exprimer, sans contrainte, non seulement ses opinions politiques et sociales, mais ses opinions religieuses quand, ce faisant, il ne porte pas atteinte à la liberté de son prochain et à la sécurité du pays.

Nous inscrivons en tête de ce chapitre :

I. — **La sauvegarde de la liberté de conscience pour tous les citoyens.** C'est faire preuve d'un sectarisme odieux que de brimer les citoyens libres et honnêtes sous le prétexte qu'ils affirment telle ou telle croyance religieuse. La liberté absolue de conscience entraîne, dans un pays libre comme le nôtre :

II. — **Le droit d'association pour tous les groupements religieux ou philosophiques** avec **l'octroi**, pour ces groupements, **de la personnalité civile.** Sous la seule réserve, bien entendu, que ces associations ne poursuivront pas de buts manifestement contraires à la morale publique, la sûreté de l'Etat et à l'intégrité de la Nation.

Nous sommes partisans du **maintien des relations diplomatiques de la République française avec le Vatican.** Nous plaçant en dehors et au-dessus de toute considération purement confessionnelle, nous estimons que le Pape constitue une puissance morale avec laquelle les Nations peuvent compter. Du reste, il suffit de faire remarquer, pour justifier notre opinion en la circonstance, que la majorité des nations — même non-catholiques — ont admis l'utilité, la nécessité d'avoir un représentant à Rome auprès du chef suprême de la Chrétienté.

III. — **La liberté entière de l'enseignement, à tous ses degrés,** sous le contrôle normal de l'Etat. Du reste, à ce propos, comme il est facile de constater qu'un régime comme le nôtre, ayant décrété l'instruction primaire gratuite et obligatoire, a le strict devoir de dispenser cette instruction nationale à tous les enfants et n'a jamais encore eu les moyens de le faire, il est équitable que les ressources des caisses scolaires soient proportionnellement réparties entre toutes les écoles, sans distinction de culte.

IV. — L'instruction étant un des facteurs les plus puissants de la prospérité des nations, nous demandons que, sous un régime démocratique comme le nôtre, **l'enseignement secondaire et supérieur soit accessible, gratuitement aux frais de l'Etat, à tous ceux qui seront jugés dignes de les suivre.** Et, cela, sans distinction de classe sociale, de situation de fortune. Trop longtemps, sous notre régime prétendu égalitaire, les intelligences n'ont pu se développer d'une façon intégrale parce que, seuls, les favorisés de la fortune ont eu accès dans les lycées et les grandes écoles.

Pour accéder à ces écoles, l'élève devrait obligatoirement subir un examen, **pour lequel ses notes de scolarité compteraient largement.**

Ainsi, toutes les médiocrités s'élimineraient et l'enseignement supérieur serait, enfin, accessible aux enfants du Peuple les plus studieux.

* * *

Estimant que **la régénération physique de la race** est aussi importante que sa régénération intellectuelle et morale, nous demandons :

L'éducation physique obligatoire par les sports, pratiquée d'une façon rationnelle et scientifique.

Pour encourager la jeunesse française à s'adonner aux sports, nous demandons entre autres choses urgentes à obtenir :

a) **Des avantages réels pour les jeunes gens pourvus du certificat de préparation au service militaire** (CPSM). En particulier, nous demandons la réduction de la durée du service militaire pour les conscrits justifiant d'une éducation militaire suffisante à leur arrivée au régiment.

b) **Aménagement de stades** ou, à défaut, cession de terrains aux sociétés sportives pour l'édification de ces stades par les soins de l'Etat. Obligation, pour les Municipalités, de mettre gratuitement un local convenable de réunion à la disposition des sociétés.

c) **Larges subventions** pour venir en aide, d'une façon efficace, aux sociétés sportives. Grandes facilités de transports, par mer et sur terre, aux sociétés allant participer à un concours.

* * *

VI.— Pour n'avoir pas su tirer parti d'une victoire si chèrement acquise ; pour n'avoir pas su faire rendre gorge aux profiteurs de la guerre et de l'après-guerre ; pour s'être opposés au prélèvement sur les grosses fortunes souvent mal acquises ; pour n'avoir pas su faire payer l'Allemagne ; et, enfin, pour n'avoir pas su obtenir, de nos alliés, la remise des dettes interalliées, les politiciens incapables qui succédèrent aux organisateurs de la Victoire ont engagé la Nation dans une voie pouvant la mener jusqu'à la faillite. nances, dans le but de lui faire produire un meilleur moyen serait de pratiquer **UNE REFORME complète et judicieuse du régime fiscal.** L'équilibre budgétaire doit être obtenu sans autre impôt nouveau qu'un impôt sur les objets de luxe (perçu au moyen d'un timbre proportionnel au moment de la vente) et un prélèvement annuel sur les grosses fortunes. Nous sommes particulièrement hostiles à l'inique impôt sur le chiffre d'affaires dont les Algériens sont menacés.

* * *

Pour arriver à faire rentrer l'impôt, nous demandons :

Une organisation rationnelle de l'administration des Finances, dans le but de leur faire produire un meilleur rendement. Sur ce point, nous nous trouvons absolument d'accord, du reste, avec l'opinion exprimée par l'Union générale des Fonctionnaires. Cette association estime, en effet, que le « sauveur peut se trouver dans le modeste personnel d'exécution, groupé dans ses associations professionnelles ». A ce sujet, de précises indications nous sont données par le secrétaire de l'Union ; elles sont à retenir : « On évalue à **500 millions** le chiffre des réductions d'effectifs dans les Ministères de la Marine, des P.T.T., de la Guerre et de l'Instruction publique ; et à **3 milliards** le chiffre des compressions des dépenses possibles dans les différents ministères.

Nous demandons un contrôle rigoureux des fonctionnaires appelés à gérer les affaires de l'Etat ; des sanctions réelles contre les fonctionnaires et les dirigeants qui seraient enfin **responsables**, pécuniairement et pénalement, de la mauvaise utilisation et du gaspillage de nos finances.

Nous voulons que les impôts soient uniquement utilisés pour le bien du pays et non pour faire des rentes à des créatures du pouvoir, comme cela se voit trop souvent.

VII. — En prélevant sur les salaires, les bénéfices ou les revenus des « petits » ce qu'ils n'ont pas osé prélever sur les « grands », les gouvernants ont commis une injustice odieuse.

Quiconque — salarié, commerçant, industriel, agriculteur ou rentier — ayant un salaire, un bénéfice ou un revenu inférieur à 6.000 francs, ne devrait pas subir l'impôt sur les salaires, les bénéfices, les revenus. Cette somme devrait être augmentée de 1.000 francs pour toute personne à la charge du chef de famille et l'impôt ne devrait porter que sur le supplément au-delà des 6.000 francs et des augmentations.

VIII. — Dans un pays comme l'Algérie, où la sécheresse joue un rôle si néfaste, compromettant parfois, durant plusieurs années consécutives, les moyens d'existence des colons et, par voie de conséquence, ceux des ouvriers agricols, des fournisseurs, des commerçants et industriels, il est nécessaire de créer un organisme de prévoyance appelé à jouer dans la période de malaise.

Les années de prospérité, cet organisme pourrait facilement amasser des ressources par un prélèvement obligatoire sur la production, car, dans la société, nul ne doit obliger son semblable à le tirer d'affaire. Le devoir de chacun est, au contraire, d'être prévoyant tant pour lui, pour les siens, que pour le Pays.

Dès lors, nous voudrions voir constituer un organisme qui serait quelque chose comme l'assurance obligatoire des colons contre les mauvaises années.

IX. — Nous demandons que les lois de même nature soient refondues en une loi unique, afin d'éviter toute confusion. Ainsi, le citoyen sans connaissances spéciales pourra connaître plus facilement ses droits et ses devoirs.

X.— Beaucoup de citoyens sont partisans de **l'Etat patron.** Nous estimons que cette conception sociale est loin de constituer un remède aux maux dont nous souffrons. Cette réforme appliquée radicalement, serait funeste au Pays tout entier ; elle paralyserait les initiatives qui sont la source de tout progrès pour une Nation.

Nous sommes donc hostiles à la création **de tout nouveau Monopole d'Etat**. Les seuls que nous admettions sont ceux appelés à jouer un rôle capital en temps de guerre ou de révolution (P.T.T., chemins de fer, etc.) ; sur ceux-là, l'Etat doit avoir une autorité et un contrôle absolus.

L'expérience a prouvé, en effet, en maintes circonstances, que l'Etat était un mauvais industriel, un commerçant incapable. Agissant comme lui, un simple particulier eut fait depuis longtemps faillite. Il ne faut donc pas lui confier d'autres monopoles.

***

XI. — **Pour les classes laborieuses**, qui constituent l'âme, la force vive de la France, nous réservons le meilleur de nos efforts. Notre principale et constante préoccupation sera de collaborer à **l'amélioration de la condition des travailleurs de toutes les classes de la société. Et, cela, en dehors de toutes luttes stériles, fratricides, de classes qui constituent, dans notre démocratie éprise d'égalité et aussi de fraternité, une hérésie, un véritable crime.**

Nos efforts tendront à **l'Union rationnelle du Capital et du Travail**. Nous estimons, en effet, que dans toute société bien organisée, dans toute nation qui veut demeurer forte et prospère, le Capital et le Travail, ces deux puissances alliées, **et qui ne peuvent pas se passer l'une de l'autre,** doivent, de plus en plus, être étroitement unies.

Pour tenter de réaliser cette union si désirable, nous demandons :

a) La création d'**une chambre d'arbitrage**, avec représentation, par parties égales, des ouvriers et des patrons. Par ses décisions, cette Chambre d'arbitrage, dont le Président serait choisi par la majorité des membres, éviterait les conflits pénibles et funestes entre patrons et salariés et permettrait à tous les éléments de la Nation de vivre en paix et en harmonie.

b) Nous sommes partisans de :

Toutes les réformes et de toutes les améliorations sociales, quand celles-ci sont compatibles avec la sauvegarde de la Patrie, l'intérêt de la Nation et la prospérité du Pays.

Nous demandons :

a) Le maintien de la loi de huit heures, mais avec faculté pour l'employeur de faire faire un supplément de travail, qui devra être rétribué dans des conditions déterminées.

b) La création d'**une Caisse nationale de Retraites**, à laquelle tout citoyen, ouvrier ou patron, serait tenu de verser et aurait, au-dessus du versement-limite, la faculté de verser un supplément.

Ainsi, chaque travailleur aurait, sur ses vieux jours, une retraite honorable et digne de son labeur passé.

Le livret ouvrier comporterait l'obligation de versement à la retraite à parts égales par l'ouvrier et par le patron. Ce versement ne devrait pas être prélevé sur le salaire. Cette retraite ne pourra être saisie.

c) La **révision de la loi sur les pensions**, relative aux réformés et aux mutilés ; la révision de la **loi sur les pensions des petits retraités.** Nous adoptons, au sujet des victimes vendications de l'**Union Nationale des Anciens Combattants,** et pour les petits retraités, celui de l'**Union des Petits Retraités de l'Afrique du Nord.**

d) Le quart colonial ne servant qu'à enrichir les gros fonctionnaires, au détriment des petits et des contribuables, nous demandons son remplacement par une indemnité fixe, la même pour tous les fonctionnaires, sans distinction.

Pour les fonctionnaires résidant dans des postes éloignés et défavorisés, nous demandons l'institution d'une indemnité spéciale.

e) Nous demandons que **les familles nombreuses,** fierté et espoir de la Nation, soient favorisées par l'Etat. A cet effet, nous réclamons, d'urgence :

L'application à **l'Algérie des lois** dont bénéficient déjà en France les **familles nombreuses.**

***

Nous proposons :

XII. — f) **Le déclassement des terrains militaires** jugés inutiles et leur cession, dans les conditions les plus favorables, pour la **construction d'habitations à bon marché,** afin de remédier, dans une certaine mesure, à la **crise des logements.**

g) Conformément à la nouvelle loi sur les loyers, nous demandons, dans le même but, la remise aux populations de tous les locaux à usage d'habitation occupés inutilement par les administrations civiles et militaires, alors qu'elles disposent d'autres locaux suffisants.

h) Enfin, nous exigeons des lois efficaces atteignant la spéculation sur les loyers, contre laquelle la dernière loi est inopérante.

Politique Extérieure

La prospérié et l'avenir de la France dépendent, en grande partie de ses relations extérieures. C'est pourquoi nous portons tous nos soins à l'étude et à la solution de toutes les questions de **politique extérieure.**

Si la France veut exiger les droits que lui confère une victoire si chèrement acquise, si elle ne se contente pas de suivre les directives pernicieuses de dirigeants qui la mirent à genoux devant la politique des dirigeants de l'Angleterre, notre situation nationale et mondiale peut s'améliorer au point que notre chère Patrie reprendra facilement sa place au milieu des plus grandes nations.

a) Aussi, considérant l'immense sacrifice fait par la France pour sauver le monde, et le soustraire à la barbarie et à l'emprise allemande, nous estimons que nos alliés doivent faire un geste qui, en les honorant, ne sera qu'un geste de reconnaissance : **Nos alliés ont le devoir de faire remise à la France, saignée à blanc, des dettes que nous avons contractées pendant la guerre, dans l'intérêt commun et qui se chiffrent, au cours actuel, par plus de cinquante milliards de francs !**

s) **D'autre part, l'Allemagne, vaincue, mais moins amoindrie, en hommes et en argent, que la France victorieuse, doit être mise en demeure de satisfaire toutes les exigences du Traité de Versailles. L'Allemagne peut payer : elle doit payer.** Ou bien alors, dans le cas contraire, nos alliés n'ont pas le droit de nous interdire de prendre nous-mêmes, en Allemagne, les gages qui nous permettront, et de nous relever et d'empêcher une nouvelle guerre.

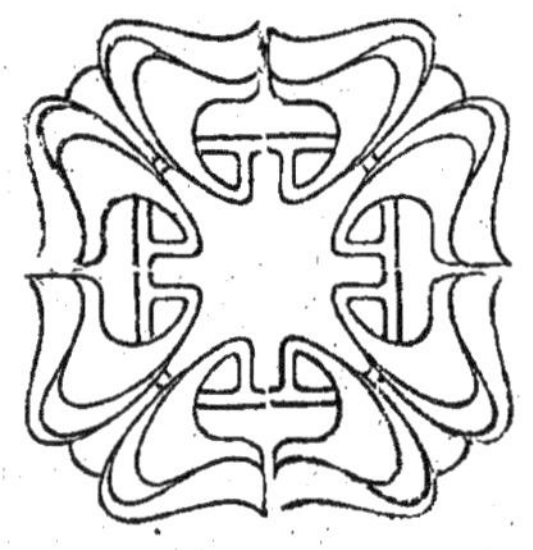

Imp. Algéroise, A. Vincent, 9, rue Franklin, Alger.

Les Bolcheviks et les Boches
ont conclu une Alliance contre la France....

Les Communistes Français
se réclamant de la IIIe Internationale
sont donc des Agents de l'Ennemi...

ALGÉRIENS !

aidez-nous à les combattre.

Adhérez au

Grand Parti Français d'Algérie

IMPRIMERIE ALGÉROISE
A. VINCENT
9, RUE FRANKLIN, 9
ALGER

www.ingramcontent.com/pod-product-compliance
Ingram Content Group UK Ltd.
Pitfield, Milton Keynes, MK11 3LW, UK
UKHW022148260726
13993UKWH00005B/2236

9 782329 197661